Henk Hokke

De geest van meester Thijs

Tekeningen van
Wilbert van der Steen

Zwijsen

Toegekend door KPC Groep te 's-Hertogenbosch

1e druk 2006

ISBN 90.276. 6338.6

NUR 286

©2006 Tekst: Henk Hokke
Illustraties: Wilbert van der Steen
Vormgeving: Rob Galema
Uitgeverij Zwijsen B.V., Tilburg

Voor België:
Zwijsen-Infoboek, Meerhout
D/1919/2006/114

Inhoud

1. Een gek geluid

Het is heel stil in groep zeven.
De klas maakt een taaltoets.
Juf Mick loopt langs de rijen.
Ze heeft haar handen op haar rug.
Soms wijst ze iets aan bij een kind.
Juf Mick kijkt op de klok naast het bord.
'Je hebt nog een kwartier,' zegt ze.
'Zorg dat je dan de toets af hebt.'
Ze gaat op haar stoel zitten.
'En kijk ook of je je naam ...'
Ze wil nog meer zeggen.
Maar er klinkt opeens een gek geluid.
Net of er iets over de zolder sleept.
Wim kijkt omhoog.
'Wat is dat?' vraagt hij verbaasd.
'Vast een muis of zo,' roept Stef.
Juf Mick steekt een hand op.
'Nee, dat is geen muis,' zegt ze.
'Ik denk dat het ...'
Ze schudt haar hoofd.
'Maak nu eerst je toets maar af.
Na de pauze vertel ik wat het is.'
Wim luistert nog eens goed.
Het geluid is weg.

In de pauze rent Wim naar Anne toe.
'Hoe ging je toets?' vraagt Wim.
Anne zucht diep.

'Weer heel slecht, denk ik.
En die van jou dan?'
Wim haalt zijn schouders op.
'Ach, het gaat wel.'
Anne kijkt zijn vriend aan.
'Ja ja, dat zal wel.
Je hebt vast weer een acht of zo.'
Wim zwijgt.
Anne heeft gelijk.
Hij is heel goed in taal.
Maar hij schept er nooit over op.
'Hoorde jij dat geluid ook?' vraagt Wim.
'Net in de klas, bedoel ik.'
Anne knikt.
'Ik denk dat het een muis was.'
Wim schudt zijn hoofd.
'Nee, daar klonk het veel te hard voor.
Het was in elk geval geen muis.
Dat weet ik heel zeker.'
Anne haalt zijn schouders op.
'Of er viel iets om door de wind.'
Wim schiet in de lach.
'Door de wind?
Man, het waait niet eens!'
'Nee, dat is waar,' zegt Anne.
Wim kijkt peinzend voor zich uit.
'Het is vast iets engs,' zegt hij.
Anne schudt zijn hoofd en lacht.
'Ja hoor, het is een spook of zo.
Of het is een oud skelet.
Dat geloof je toch zelf niet?'

'Nee, dat niet,' antwoordt Wim.
'Maar wat kan het dan wél zijn?'
Anne kijkt naar de school.
'Het is een oud gebouw,' zegt hij.
'Daar kraakt en piept altijd wel iets.
Net als in ons huis.
Daar hoor je ook altijd wel wat.
Eerst was ik bang.
Maar nu ben ik eraan gewend.'
Wim knikt langzaam.
'Dat zal het dan wel zijn,' zegt hij.
'Maar toch ... toch denk ik ...'
Anne geeft hem een duw.
Hij rent hard weg.
'Ik ben een eng spook!' roept hij.
'Pak me dan, als je kan!'
Wim holt achter zijn vriend aan.

2. De geest van meester Thijs

Groep zeven zit weer in de klas.
Wim steekt zijn vinger op.
'Juf, wat was dat geluid nou?'
Juf Mick doet of ze het niet snapt.
'Waar heb je het over, Wim?
Ik weet van niks, hoor.'
'Wel waar,' roept Roos.
'Dat geluid van voor de pauze.
Je zou nog zeggen wat het was, juf.'
Juf Mick legt haar pen neer.
'Nou, goed dan,' zegt ze.
'Maar het is geen mooi verhaal.'
Ze kijkt uit het raam.
'Dat geluid, dat was ...'
Haar stem daalt.
'... dat was de geest van meester Thijs.'
Anne proest het uit.
'De geest van meester Thijs?'
Juf Mick knikt.
Ze kijkt er heel eng bij.
'Ja, die geest zwerft hier nog rond.'
Wim trekt een gek gezicht naar Anne.
'Oei, wat word ik nou bang!' roept Anne.
Juf Mick staat op.
'Het is wel een vreemd verhaal,' zegt ze.
'Vertel het toch maar, juf,' roept Lotte.
Juf Mick doet of ze heel diep nadenkt ...
'Oké, luister dan maar,' zegt ze.

'Meester Thijs was meester op deze school.
Hij was de meester van klas vijf.
Dat heet nu groep zeven.
Er leek eerst niets aan de hand.
Jaar in jaar uit gaf hij gewoon les.
Tot op een dag ...'
Ze wacht even.
'Tot op een dag zijn vrouw weg was.'
'Zijn vrouw weg?' vraagt Jan verbaasd.
'Hoe kan je vrouw nou weg zijn?'
Juf Mick haalt haar schouders op.
'Ja, dat weet dus niemand.
Dat is juist zo vreemd aan het verhaal.
Zijn vrouw was opeens weg.
En ze kwam nooit meer terug.
Ze zeggen hier in de buurt ...'
Weer zwijgt juf Mick.
Ze kijkt nu heel ernstig.
Wim voelt een rilling over zijn rug lopen.
'Ze zeggen dat hij haar vermoord heeft.
En dat ze ergens in de tuin ligt.'
Wim kijkt uit het raam.
Naast de school staat een oud huis.
Daar woonden vroeger de meesters.
Dat heeft juf Mick wel eens verteld.
Nu woont er een vrouw met een hond.
Maar de tuin waar juf het over heeft ...
Die tuin is er nog steeds.
'En toen, juf?' vraagt Sofie zacht.
'Nou, toen niks,' zegt juf Mick.
'Meester Thijs bleef op school.

Hij gaf hier nog tien jaar les.
Toen nam hij afscheid.
Vier jaar later kwam hij onder een auto.
Hij was op slag dood.
Maar zijn geest ...'
Ze wijst naar de zolder.
'Maar zijn geest zwerft hier dus nog rond.
Nou ja, dat zegt men hier in de buurt.'
'Ik geloof er niks van, juf,' zegt Frank.
Juf Mick haalt haar schouders op.
'Toch is het zo,' zegt ze.
'Vooral 's nachts spookt hij hier nog.'
Wim schudt zijn hoofd.
'Spoken bestaan niet, juf,' zegt hij.
Juf Mick kijkt hem aan.
'O nee, denk je van niet?
Durf jij een nacht in de school te slapen?'
Wim schiet in de lach.
'Ja hoor, dat durf ik best.'
Juf Mick kijkt de klas rond.
'Wie durft dat ook wel?'
Bijna alle vingers gaan de lucht in.
'Goed zo,' zegt juf Mick.
'Dan gaan we dat dus maar eens doen.
We slapen een nacht in de school.
Morgen is het vrijdag.
Ik verwacht jullie hier om acht uur.
Neem een slaapzak mee en een kussen.'
'Is het echt waar, juf?' vraagt Sanne.
'Ik dacht dat het een grapje was.
Ik kan morgen niet.

Ik moet naar mijn oma toe.'
'Ik kan ook niet,' roept Frank.
'Ik heb een leuk feest bij mijn oom.'
Juf Mick zucht.
'Zie je wel?
Eerst een grote mond en nu durft niemand.
Nou ja, ik zie wel wie er morgen is.
Pak je taalboek en je schrift maar.'
Wim knikt een paar keer naar Anne.
Alsof hij wil zeggen: wij durven wel!

3. Lekker eng!

Wim en Anne zijn op weg naar school.
Ze hebben een slaapzak bij zich.
En een kussen.
Zoals juf Mick heeft gezegd.
'Zou juf er echt zijn?' vraagt Wim.
Anne knikt.
'Ik denk het wel.
Dit is echt iets voor juf Mick.'
'Wat zeiden jouw ouders?' vraagt Anne.
Wim grijnst.
'O, die vonden het heel leuk.
En die van jou?'
'Geen probleem,' zegt Anne.
'Maar mijn vader gelooft het niet.
Die denkt dat het een grap is van juf.'
Ze slaan de hoek om.
'Daar staat jufs fiets,' wijst Wim.
Roos en Lotte lopen naar de schooldeur.
Stef en Sofie komen er ook net aan.
Juf Mick doet de deur van de school open.
'Ha, daar zijn jullie en mooi op tijd.'
Ze kijkt het plein rond.
'Kom er maar in,' zegt ze dan.
'Het is nu precies acht uur.
Wie nu nog komt, heeft pech.
Ga maar vast naar ons lokaal.'

Ze doen wat juf Mick zegt.

De klas ziet er kaal uit.
De tafels staan aan de kant.
Op de kast staat een tv.
Het licht is al aan.
Juf Mick komt binnen.
'Leg eerst je spullen weg,' zegt ze.
'En ga dan maar voor de tv zitten.'
Wim legt zijn slaapzak in een hoek.
Naast die van Anne.
Juf wacht tot ze zitten.
'Zijn jullie er klaar voor?' vraagt ze.
Roos giechelt.
'Waarvoor juf?' vraagt ze.
Juf kijkt strak voor zich uit.
'Voor een enge nacht,' zegt ze dan.
'Voor de nacht van meester Thijs.'
Stef proest het uit.
'Het is net echt, juf,' roept hij.
'Mijn vader zei al dat ...'
Verder komt hij niet.
Het licht in de klas floept uit.
Lotte en Roos gillen van schrik.
Dan gaat het licht weer aan.
'Wat ... wie deed dat?' stottert Anne.
Juf Mick staart naar de deur.
'Wat denk je?' zegt ze zacht.
Niemand zegt iets.
'Hij is er al,' fluistert juf.
'De geest van meester Thijs is er al.'
Anne stoot Wim aan.
'Wat was dat net met het licht?'

Wim haalt zijn schouders op.
'Ik denk dat het een truc is of zo.'
Anne knikt.
'Ja, maar het is wel lekker eng.'
Wim zegt niets.
Zijn mond is droog.

4. Wie gilt daar?

Juf Mick doet de tv aan.
Dan pakt ze een doosje uit haar tas.
'Dit is een film,' zegt ze.
'Hij heet *Nacht zonder eind.*
Is er iemand die de film al kent?'
Niemand zegt iets.
'Mooi zo,' zegt juf Mick.
Ze haalt de band uit de doos.
'Zijn jullie klaar?' vraagt ze.
Ze knikken.
Wim kijkt naar buiten.
Het wordt al donker.
'Mag het licht uit?' roept juf Mick.
Wim loopt naar de deur.
Hij kijkt de gang in.
Hé, wat is dat?
Dook daar iemand weg bij de wc?
Wims hart bonst in zijn keel.
Heeft hij dat wel goed gezien?
Jufs stem klinkt weer.
'Komt er nog wat van, Wim?'
Wim doet het licht uit.
Hij gaat vlug weer op zijn plek zitten.
Anne kijkt hem van opzij aan.
'Was er iets?'
Wim schudt zijn hoofd.
'Nee nee,' mompelt hij.
'Er was niets.'

De film is heel spannend.
Een gezin verhuist naar een nieuw huis.
Het ligt midden in een groot bos.
Het lijkt een gewoon huis.
Maar ... het spookt er flink!
Iemand wil het gezin bang maken.
Juf Mick gaat met een zak drop rond.
Buiten is het nu donker.
In de klas is er alleen licht van de tv.
'Wat is het spannend,' zucht Anne.
'Ik denk dat het die buurman is.'
'Of die rare oom,' zegt Sofie.
Stef schudt zijn hoofd.
'Nee, die oom is het niet.
Die helpt hen juist.
Let maar op.'
Sofie krijgt gelijk.
De oom maakt het gezin bang.
Hij staat met een mes in een kast.
Een meisje komt de kamer binnen.
Ze staat vlak voor de kast.
Haar hand gaat naar de knop van de kast.
'Niet doen, stommerd!' roept Roos.
Het meisje trekt de kast open.
En dan ...
Er klinkt een harde gil.
Wim springt op.
'Dat ... dat was in de school!' roept hij.
'Het kwam uit de gang!'
Roos kijkt naar de deur.
'Volgens mij ook,' zegt ze.

Haar stem trilt een beetje.
Juf Mick steekt een hand op.
'Dat lijkt me gek,' zegt ze.
'Wie zou dat dan moeten zijn?'
Wim en Anne kijken elkaar aan.
'De geest van meester Thijs,' zegt Wim.
Stef kijkt boos om.
'Stil nou eens,' snauwt hij.
'Ik wil zien hoe het afloopt.
Die gil was gewoon in de film, man.'
Wim voelt hoe hij zweet.
'Die gil was in de school,' zegt hij.
'Dat weet ik heel zeker!'

5. Een schim op de gang

Juf Mick doet de tv uit.
Ze knipt het licht aan.
Buiten rommelt het in de verte.
'Er komt onweer,' zegt Sofie angstig.
Juf Mick trekt een stoel naar zich toe.
'Dat komt mooi uit,' zegt ze.
'Dat hoort echt bij een nacht als deze.'
Juf heeft een boek in haar hand.
'Het is nu tien uur,' zegt ze.
'Ik lees nog een halfuur voor.
Dan is het bedtijd.
En tijd voor de geest van meester Thijs.'
Juf Mick begint te lezen.
Wim hoort niet wat ze zegt.
Hij denkt nog steeds aan de gil.
Het was in de school en niet in de film.
Dat weet hij zeker.
Maar hoe kan dat?
Zou er dan toch echt een geest zijn?

Buiten rommelt het steeds harder.
Een lichtflits doorklieft de lucht.
Er volgt een harde klap.
De regen slaat tegen het raam.
Juf Mick stopt met lezen.
'Mooi weertje voor een geest,' zegt ze.
Stef gaat met een ruk rechtop zitten.
'Wat is dat?' vraagt hij.

'Wat?' vraagt Roos.

'Stil eens!' zegt Stef.

Ze zijn doodstil.

Er klinkt heel zacht een soort gekreun.

Het geluid komt uit de gang.

Juf Mick slaat haar boek dicht.

'Hij is er,' zegt ze.

'De geest van meester Thijs is er.'

Buiten barst het onweer nu pas echt los.

Een flits, een harde klap ...

Het licht in de klas gaat weer uit!

Anne gilt van schrik.

Het gekreun klinkt nog harder.

Opeens is er weer licht.

Juf Mick heeft een zaklamp in haar hand.

Ze schijnt naar de deur van de klas.

Die staat op een kier.

'Daar heb je hem!' sist ze.

'Daar is de geest van meester Thijs!'

Ze zien iets wits bij de deur.

Er beweegt iets op de gang.

Dan klinkt er een lach.

Het weerkaatst hol en eng door de school.

Wim springt op.

Hij rent naar de deur.

Wim duwt de deur open.

Op de gang is niets te zien.

Het lachen is gestopt.

Het licht gaat vanzelf weer aan.

'Wat zag je daar?' vraagt Lotte.

'Niks,' antwoordt Wim.

'Er is niks te zien op de gang.'
'Maar er was daar wél iemand,' zegt Anne.
Juf Mick knipt haar lamp uit.
'Dat was dus de geest van meester Thijs.'
Wim loopt naar zijn slaapzak.
'We gaan slapen,' zegt juf Mick.
'Zoek maar een mooi plekje.'

Wim rolt zijn slaapzak uit.
Hij ligt in een hoek van de klas.
Anne ligt pal naast hem.
Stef ligt tegen een kast aan.
Wim kruipt in de slaapzak.
Met kleren en al.
Net als Stef en Anne.
Oei, wat ligt dat hard op de grond.
Hij had een luchtbed mee moeten nemen.
Wim kijkt naar de meisjes.
Die liggen ook vlak naast elkaar.
Juf Mick staat bij de knop van het licht.
'Slaap maar lekker,' zegt ze.
'En droom maar fijn.'
Haar stem klinkt spottend.
Dan doet ze het licht uit.

6. Een gezicht voor het raam

Wim ligt op zijn rug.
Het onweer trekt langzaam weg.
Het rommelt nog wat na in de verte.
Ook de regen is gestopt.
'Anne, slaap je al?' fluistert Wim.
Wim krijgt geen antwoord.
Anne ademt diep in en uit.
Wim tuurt naar de plek waar Stef ligt.
Ook Stef slaapt al.
Wim legt zijn hoofd weer neer.
Hij sluit zijn ogen.
Maar dat duurt niet lang.
Met een ruk gaat hij zitten.
Wat is dat nou weer voor geluid?
Wim voelt hoe hij koud wordt.
Er klopt iemand op het raam van de klas!
Wim geeft Anne een harde por in zijn zij.
Anne wordt wakker.
'Wat is er?' gaapt hij.
Maar dan hoort hij het geklop.
Stef is nu ook wakker.
'Juf, wat is dat voor geluid?' roept hij.
Wim kijkt in de richting van het geklop.
'Daar!' schreeuwt hij.
Er verschijnt een gezicht voor het raam.
Het is een spierwit gezicht.
Het gezicht van een vrouw.
Een vrouw met een bos grijs haar.

Anne gilt het uit.
'Juf!' klinkt de bange stem van Roos.
Wim is verstijfd van schrik.
Het gezicht kijkt van links naar rechts.
Dan verdwijnt het weer.

Het licht in de klas gaat aan.
Juf Mick staat bij de deur.
Ze grijnst naar hen.
'Wat is dat toch voor lawaai?'
'Er ... er was een vrouw,' stottert Wim.
'Ze keek door het raam,' vult Roos aan.
'En ze had een ...'
Juf Mick steekt een hand op.
'Stond er een vrouw voor het raam?
Bedoel je misschien deze vrouw?'
De deur van de klas gaat open.
Er verschijnt een gezicht.
Het gezicht van een oude vrouw.
'Hé, dat is niet echt!' roept Wim.
'Dat is een masker!'
Er komt een man de klas binnen.
Hij heeft een masker in zijn hand.
'Wie is dat?' roept Sofie verbaasd.
'Mijn broer,' zegt juf Mick lachend.
'Dit is mijn broer Paul.'

7. Een goeie grap

De man gaat op een stoel zitten.
Juf Mick gaat naast hem staan.
Ze wijst naar de man.
'Dit is dus de vrouw van meester Thijs.'
Stef kruipt uit zijn slaapzak.
'Dat dacht ik al,' zegt hij stoer.
De man lacht.
'Zeg eens eerlijk, zegt hij.
'Wie dacht dat ik echt een geest was?'
Wim aarzelt.
'Ik eerst wel,' zegt hij dan.
'Ik schrok me rot van dat geklop.'
'Was die gil ook van u?' wil Roos weten.
De man steekt een vinger op.
'Luister maar,' zegt hij.
Hij gilt een paar keer heel hard.
Juf Mick houdt haar handen voor haar oren.
'Klonk het zo?' vraagt de man.
Roos knikt lachend.
'En dat gekreun?' vraagt Stef.
'Ook van mij,' zegt de man.
'Maar het licht?' vraagt Anne.
'Hoe deed u het licht dan uit?'
'O, dat is heel simpel,' antwoordt de man.
'Gewoon even een stop eruit.
Dat is alles.
En dan de stop er weer in.'
Wim kijkt peinzend naar de deur.

'Was u straks ook op de gang?' vraagt hij.
'Net voordat de film begon, bedoel ik.'
De man knikt.
'Ja, ik was niet snel genoeg weg.
Zag jij me dan?'
'Ja, maar niet goed,' antwoordt Wim.
Hij kijkt juf Mick aan.
'Dat was een goeie grap, juf.'
Juf Mick maakt een buiging.
'Dank u wel, dank u wel,' grijnst ze.
De man staat op.
'Ik ga er weer vandoor,' zegt hij.
Hij geeft juf Mick een zoen.
'Dag zusje.'
Dan steekt hij een hand op.
'Tot ziens maar weer.
O ja, deze laat ik hier, hoor.'
Hij legt het masker op een tafel.

Juf Mick loopt met haar broer mee.
Al gauw is ze weer terug.
'Ziezo,' zegt ze.
'Tijd om echt te gaan slapen.'
Wim heeft het masker gepakt.
Het ziet er heel echt uit.
'Haha,' schatert Anne.
'De vrouw van meester Thijs.
Wat een grap van juf!'
Stef haalt zijn neus op.
'Ik had het allang door,' zegt hij.
'Je weet toch dat een geest niet bestaat.'

'Ja ja, dat zal wel,' zegt Wim.

'Jij schrok je ook rot met dat gezicht.'

'Ja, eerst wel even,' geeft Stef toe.

'Maar ik zag al gauw dat het nep was.'

Wim legt het masker op de grond.

Hij kruipt diep in zijn slaapzak.

Juf Mick doet het licht uit.

'Lekker slapen,' zegt ze.

Het klinkt niet spottend meer.

8. Nog een grap?

Wim ligt al wel een halfuur wakker.
De rest slaapt.
Stef snurkt heel hard.
Wim glipt uit zijn slaapzak.
Hij moet plassen.
Op zijn tenen sluipt hij de klas uit.
Hij weet de weg in school wel.
Ook in het donker.
In de gang wil Wim linksaf slaan.
Maar hij blijft stokstijf staan.
Hij hoort iets geks!
Het is een krassend geluid.
Het komt uit de klas van juf Kim.
Aha, Wim snapt het al.
Dat is de broer van juf Mick.
Die wil hen nog een keer bang maken.
Wim sluipt terug naar zijn klas.
Hij hurkt bij Anne neer.
'Anne, word eens wakker!' fluistert hij.
Anne opent zijn ogen.
Hij wil wat zeggen.
Wim drukt een hand op zijn mond.
'De broer van juf is er nog,' sist hij.
'Kom mee, ik weet wat leuks.'
Op de tast zoekt Wim het masker.
Ha, daar heeft hij het al.
Anne grinnikt.
Hij snapt wat Wim van plan is.

Ze sluipen naar de gang.
Wim wijst naar de deur van juf Kims klas.
Er stommelt iemand rond in de klas.
Dat hoor je heel goed.
Wim pakt de klink van de deur vast.
Heel zacht doet hij de deur open.
Er schijnt een flauw licht in de klas.
Wim steekt het masker om de hoek.
'Boe!' brult hij zo eng als hij kan.
'Boe, ik ben de geest van meester Thijs!'
Anne gilt er keihard bij.
Dan stappen ze de klas in.
Ze zien een man met een zaklamp.
Hij holt naar een raam dat open staat.
Hij trekt het raam open en hup ...
Met een sprong verdwijnt hij in de nacht.
Wim doet het licht aan.
'Haha, hij schrok zich wild.'
Anne giert het uit.
'Wat is hier aan de hand?'
Juf Mick staat achter hen.
'Dat was uw broer,' legt Wim uit.
'Hij was weer met een grap bezig.
We lieten hem heel erg schrikken.
Ha ha, met zijn eigen masker!'
Juf Mick kijkt hen om beurten aan.
Haar gezicht is wit.
'Dat was mijn broer niet,' zegt ze.
'Mijn broer is al weer thuis.'
Wim staart haar aan.
'Echt waar?' piept hij.

'Echt waar,' zegt juf Mick.
Wim en Anne zien dat ze het meent.
Wim voelt hoe zijn knieën slap worden.
'Maar wie was het dan?' vraagt hij.
Juf Mick kijkt de klas rond.
Een la van juf Kims tafel staat open.
Er ligt een berg papier op de grond.
'Weet je wat ik denk?' zegt juf Mick.
'Ik denk dat dit een inbraak was.
Jullie hebben net een dief betrapt.'
Ze pakt Wim en Anne bij een arm.
'Ga maar vlug naar de klas,' zegt ze.
'Ik moet even bellen.'

Wim en Anne lopen naar de klas.
'Wat was dat voor lawaai?' vraagt Roos.
Wim ploft op zijn slaapzak.
'Dat was een dief,' zegt hij.
'We hebben net een dief betrapt.'
Dan vertelt hij alles.

9. Het geheim

Juf Mick is al gauw weer terug.
'Poe poe,' zegt ze met een zucht.
'Dat was me even schrikken, zeg.'
'Is het echt waar, juf?' vraagt Stef.
'Van Wim en Anne en die dief, bedoel ik.'
'Ja, het is echt waar,' zegt juf.
'Er komt zo een agent naar school.
Die heb ik net gebeld.'
Ze loopt naar Wim en Anne toe.
'Gaat het?'
Wim knikt.
Hij trilt nog een beetje.
Maar verder gaat het wel.
'Was je niet bang?' vraagt Sofie.
Wim schudt zijn hoofd.
'Nee, eerst niet.
We dachten dat het de broer van juf was.'

Er wordt op het raam geklopt.
Stef kijkt verschrikt op.
Juf Mick glimlacht als ze het ziet.
'Rustig maar, Stef,' zegt ze.
'Het is die agent over wie ik het had.
Ik laat hem wel binnen.'
De agent kijkt verbaasd de klas rond.
'Wat knus is het hier,' zegt hij.
'Het lijkt wel een hotel.'
Juf Mick legt uit wat er gebeurd is.

'Het moet wel een inbraak zijn,' zegt ze.

'Dat kan haast niet anders.

Mijn broer was het niet in elk geval.

Die zit ...'

De agent steekt een hand op.

'We hebben hem al,' zegt hij.

'We hebben de dief al gepakt.

Hij verborg zich vlakbij in een tuin.'

Jufs gezicht klaart op.

'Daar ben ik blij om,' zegt ze.

De agent krabt eens op zijn hoofd.

'Hij zei iets over een geest in de school.

Weet u daar iets meer van?'

Juf denkt even na.

'Nee,' zegt ze dan beslist.

'Van een geest in de school weet ik niks.'

De agent knikt langzaam.

'Heeft de school geen alarm?'

Juf Mick kijkt hem beschaamd aan.

'Eh ... ja, maar dat stond niet aan.

Met mijn broer en zo, snapt u ...'

'Ik snap het,' zegt de agent.

'Mag ik de klas van juf Kim even zien?'

Juf Mick loopt met hem mee.

Anne slaat op Wims schouder.

'Ze hebben de dief al!' roept hij.

'Dankzij jou is de dief gepakt.'

Wim steekt twee handen omhoog.

'En dankzij jou,' zegt hij.

'Ik deed bijna niks,' zegt Anne.

'Ik gilde alleen heel hard.'

Juf Mick trekt de deur achter zich dicht.
Haar blik gaat naar de klok.
'Twee uur al weer,' zegt ze.
'Sjonge, wat een nacht.'
Ze knikt naar Wim en Anne.
'Dat was goed werk, jongens.
Ook al was het niet eens zo bedoeld.'
Anne proest het opeens uit.
'Die vent schrok zich echt rot, juf.
Je had het moeten zien.'
Anne stoot Wim aan.
'Zag je hoe hij naar het raam rende?
Hij dook zo naar buiten.'
Dan moet Wim ook lachen.
'Ja, alsof hij een geest had gezien.
De geest van meester Thijs.'
Hij kijkt juf Mick vragend aan.
'Juf, waarom mocht die agent niks weten?'
'Waarvan?' vraagt juf Mick.
'Van de geest van meester Thijs.'
Juf Mick trekt een wenkbrauw op.
'Eh ... nee, liever niet.'
'Maar waarom dan niet?' vraagt Lotte.
Juf Mick glimlacht.
'Dat is een geheim,' zegt ze.
'Het is ons geheim.'
Wim denkt even na.
'Maar de buurt weet het toch ook?'
Juf zegt niets.
Ze loopt naar de knop van het licht.
'Nu echt gaan slapen,' zegt ze.

'En denk eraan: het is ons geheim.'
Ze doet het licht uit.

Wim drukt zijn hoofd in zijn kussen.
Wat een nacht! denkt hij.
Anne en ik hebben echt een dief verjaagd.
Misschien komen we wel in de krant.
Dan zeggen we niets over meester Thijs.
Dat is een geheim.
Dat is het geheim van juf Mick en van ons!

Zoeklicht

De serie Zoeklicht is bestemd voor kinderen van 9 tot en met 12 jaar. De boeken zijn spannend, maar ook heel toegankelijk. Er zijn vier leestechnische niveaus:

Zoeklicht start   AVI 3

Zoeklicht *   AVI 4

Zoeklicht **   AVI 5

Zoeklicht ***   AVI 6-7

Andere spannende Zoeklichtboeken

Een spion is nooit b-b-bang
'Rins, ik heb een probleem,' zegt oom Ben.
'Help je me?'
Zeker weer iets engs, denkt Rins.
Want oom Ben is geheim agent.
En ja hoor!
Rins moet spion zijn.
Eerst lijkt het een makkie.
Maar dan gaat het mis!
Heel, heel erg mis …

Niet voor watjes

Toon en Sil zijn op de kermis.
Toon wil niet in de molen.
En de schiettent is ook maar suf.
Dat is voor watjes.
'Ik wil gevaar,' zegt hij stoer.
Er staat ook een kleine, ronde tent.
Op een bord staat GEVAAR.
'Dit is niet zomaar een tent,' zegt een oude man.
'Je waagt er je leven.'